werkwoorden

werkworte workbook

AF209184

Annmarie Sauer

Herstellung und Verlag:
Books on Demand GmbH, Norderstedt
ISBN 978-3-8391-8055-6

Werkwoorden

Werkboek/Workbook
Werkbuch

1985-2010

Anècho
Straatsburg
Rhodos
Rome
E19
Sevilla
Brussel
Brugge
Casares
Capetown
Granada
Valencia
St Petersburg
Venetië
Kopenhagen
Antwerpen
Warschau
Parijs
Istanbul
Abudja
Luxemburg
Ljubliana
Vlissingen
Kigali
Marseille

Annmarie Sauer

Inhoud/Content
Poëzie/Poetry

Proza/Prose

Opmerkingen/Remarks

Maart

Het is maart
hou de luiken dicht
het trillend licht
steekt de ogen uit

Insecten gonzen
zoeken de barsten in je hart
De sluipwesp
legt haar eieren lui
onder je bevlekte huid

Het is vier uur
Je moet je haasten
Reeds weerklinkt de tropennacht
Het pad verlaat
zich in het donker
ruikt de rulle aarde
het stof
in de rimpel van mijn ziel

Nana A. schrijft je uit Anècho

Hier sterft men jong.

Er is nieuw licht
de ramen knellen
de avondwind waait bomen op 't behang

Het behang van elders
met twee aquarellen nu
vol van 't water van de stad

Heeft de vorige gast ernaar gekeken
en
was hij tevreden
met zijn leven

De oude schoonheid
blijft voor mij gesloten
maar niet
de weemoed van verval
verlies
dat zich staande
houdt op de rand
van de eeuwigheid

wankel
als mijn woord

Een vrouw ontwijd

Niet wankelend
maar vallend in angst
voor bek
en zwarte vleugelslag
wijken dijen maar niet 't gemoed
verenkracht
verzacht niet de hartenklop
de afweer
en de woede
om de siddering
en 't weten van het lot
om Leda en haar lendenen
in onverschilligheid
verkracht
door God.

Versteven
ligt een vogel langs de weg
de vleugels vangen nog
nutteloze wind
De anderen
 - even slechts - verstoord
tot de gelederen weer gesloten zijn
vliegen voort

Witte zwanen
zwarte zwanen
wie mag er van U over varen
de schipper is gebeten
de vader is vergeten
de wind de wind
het wilde kind
laat de haren waaien

Zo vliegt het kind
naar de zon
waarmee het licht begon

Stiffened
the bird lies at the roadside
wings spread to the
useless wind
The others
- momentarily - startled
close the ranks
and fly on

white swans
black swans
Red Rover, Red Rover, who may sail over
the skipper's been bitten
the father's omitted
The wind, the wind
that wild child
tousles her hair

So she flies higher
to the ball of fire
where the light began

De vrouw
met opgerolde kousen
tot aan de knie
de kamerjas licht blauw
met zorg gedragen
leunt te groot
tegen de tralies van haar dagelijks bestaan

Verwarmt zij nog haar nacht
met denken aan een mooi gelaat
aan hoe het geliefde lichaam
haar schoot beleed
een streling haar van haar schroom
ontdeed

Antonio Peter Simon
laat me niet alleen
met die vrouw
die daar altijd aan dat raam
moet staan

Die Frau
mit aufgerolltem Strumpf
bis an das Knie
der Morgenmantel in leichtem Blau
mit Sorge zurecht gemacht
lehnt auffüllend
gegen die Gitterstäbe ihres Bestehens

So wärmt sie noch ihre Nacht
mit Gedankenbildern an ein schönes Gesicht
an wie der geliebte Körper
ihren Schoß erhebt
ein Streicheln sie von der Schüchternheit
befreit

Antonio Peter Simon
laßt mich nicht allein
mit dieser Frau
die da alle Zeit an diesem Fenster
muß sein

Nu het licht getemperd is
door het avondlicht
lijkt het aannemelijk
dat jij Antonio was
voor wie in stilte het eten werd bereid
en de was
onbesproken was door haar in eeuwig zwart
die zag
hoe met heimelijke vreugde
Manolo met één slag
het varken slachtte
of althans probeerde
elke ochtend weer

Het lijkt aannemelijk nu
die handen
de snaren slaan

De avondstad
zo anders
in de ochtend
 - winkelstraat nog steeds winkelstraat -
maar met koud en slaperig gelaat
de wandelaars
haastig nu
geen tijd
voor een woord
de kleur van garen
graagte
en voorbijgaand aan de pijn
van een gevallen engel

Nog is het schaakspel
niet uitgespeeld
in de eeuwigheid
van de volgende zet

Venice and days little durable

Ezra Pound

I

Het masker kijkt
waarheid gehuld in zwart en
witte kant
geen hand om naar te reiken
tot mussen
de kruimels van het leven
eten
niet wetend van verzinken
en van dood

Het leren vergeten
van de angst
het verkleuren van confetti
in het stof

II

De oude dame
van kant en glas
doet alsof ze vergeten was
wie haar had bemind

maar stiekem geeft ze
de duiven op het plein
de naam van wie
haar minnaars willen zijn

III

mijn ander ik - niet ik -
zet een masker op
verblind
door wat het had
kunnen zijn

   twee gelieven in zichzelf
   verzonken
   de visser wadend in 't moeras
   een oude vrouw
   die veel verleden heeft

Jij een ik
een ander
in de spiegel
van versplinterend glas

Madame promène son cul sur les remparts de Varsovie...

Jacques Brel

Vorige zomer noemde ik mij een
jonge vrouw
Nu loop ik door straten van zwarte sneeuw
zwaar van heden en verleden
bevangen door een vreemd licht
bij het versterven van de dag

In het kantelen van de eeuw
en de grijsheid van herrezen nacht
zie ik haar jong en koud
en weet
herinnering
maakt oud

'**t** is late lente
met een licht vol kleuren
en weer die dans der dingen
krachtproef
tegenproef
meester in het ritueel van
evenwicht en pracht
macht
van woord en wederwoord
schoonheid in hooghartigheid
en liever dan zo onderworpen
vraagt uiteindelijk
de stier
om het triomferen van
de dood

Bezweet en moe
wacht ik op de bus
naar huis
Het thuis
waar jouw stem
mij wacht
het neerzetten
van pak en zak
het weten van
het aangekomen zijn

men fishing from the bridge
silhouettes against the glowing
skies
while the boat is going east
the dark water
divides colour and
continents
as a chain of black beads
breaks and bounces off
in drops of
time -

In the Plaza of discontent
after all the words
the we wants
there was music
there was dance
Workmen dancing
make the farmer look refined
as the white snow
on the distant mountain
wearing black
clean yesteryears
as a picture
of old Spain
lost in this city
of them and we
in the Plaza of discontent

Op de Plaza van ontevredenheid
na al de woorden
het wij willen
was er muziek
en was er dans
De arbeiders dansend
geven de boeren de verfijndheid
van witte sneeuw
op de verre berg
getooid in zwart
schoon
als een vroegerjaars beeld
van oud Spanje
verloren in deze stad
van zij en wij
op de Plaza van ontevredenheid

In het spiegelraam bespied ik hem
de man die zijn lippen beweegt
zijn hoofd zijn handen
besprekend betogend bezwerend
Welke taal spreekt hij tot hem
       hem tot zichzelf
       zichzelf tot hij
of hoort hij
goden door de elektroden
in zijn brein geplant
geactiveerd door de ochtendkoffie
door de kamermeid gebracht
Wat ook de bedoeling
van de medereizigers
zij keren zich af
terwijl hij toegesproken wordt
door hem en hij
niet helemaal
te veel
daar
in de spiegel
op de tweede rij

Im Spiegelfenster belausche ich ihn
den Mann der seine Lippen bewegt
sein Haupt seine Hände
besprechend bezeugend beschwörend
Welche Sprache spricht er mit ihm
    er zu sich selbst
    er selbst zu ihm
oder hört er
Götter durch die Elektroden
in sein Hirn gepflanzt
aktiviert durch den Morgenkaffee
vom Kammermädchen gebracht
Was immer die Absicht
der Mitreisenden
sie wenden sich ab
während ihm zugesprochen wird
durch ihn und er
nicht umfassend
zu viel
da
im Spiegel
in Reihe Zwei

In the mirror window
I spy on him
the man moving his lips
his head his hands
arguing convincing confiding
What language
does he speak to him
          him to himself
          himself to he
or does he hear the
gods through electrodes
planted in his brain
activated by the morning coffee
brought in by the chambermaid
What ever the intention
of the fellow travellers
they turn away
as he is spoken to
by him and he
not all together
too much
there
in the mirror
on the second row

All is changed
nothing stays the same
but the street
on which the changing
walk until words
of past
hurt
for lack of a tomorrow

The fading star
of laughter lost
hears but the
murmur of memory
on rue St André des Arts
meeting Madame Françoise Besnard

Daar is hij
de zwarte man
een wollen muts houdt het
barsten van zijn schedel tegen
een goedkope plastic zak
draagt zijn povere bezit
Voor de prijs van een 'petit café'
kocht hij beschutting voor de
regen de modder van witte ogen
die zijn magerte bekeken
ongevoed maar lezend
in het thee salon
terwijl zij
vet van 't geld
aan voer besteed
bont en blauw blond weerstaat
aan het druilen in de straat

Da ist er
der schwarze Mann
eine wollene Mütze verhindert das
Platzen seines Schädels
eine billige Plastiktüte
hält seinen ärmlichen Besitz
Für den Preis eines kleinen Kaffees
kauft er Schutz gegen
Regen den Schlamm weißer Augen
die seine Magerkeit betrachten
nüchtern aber lesend
im Teesalon
während sie
fett von Geld
für Futtern gebraucht
bunt und blau blond widersteht
dem Nieseln von der Straße

There he is
the black man
a woolen cap keeps his skull
from bursting
a cheap cheap plastic bag
weary wears his meager things
For the price of a *petit café*
he bought shelter from
the rain the stain of white eyes
looking at his skinniness
unfed but reading
in the thee salon
as she
fat with the money
spent on feed
braves blondly bluntly
the drizzle in the street

Golden shoes
and lace
on a bony knee
of aged Sundays
and pearls
around necks of
sagging flesh
waiting
in excitement
for the procession
of shared solitude
Behind the ardent rows
the beauties
pass
no need yet
for this wait
that brings out but
saints
Their time is tonight
the fiesta of the flesh
forgotten the
Carne vale
of their mothers in the street

There is a job to do
the getting up at six
feeding the dogs
watering the plants
washing the dishes
drying them
and putting them away
scrubbing and
dusting
washing drying and
folding
putting everything away
use knife and forks
wash them dry them
put them away again
walk the dog
cut off some blossom
arrange it in a vase
brush your teeth
change your clothes
and go to work
come home and go to work -

When is my time to be a woman?

And once again not a word about
the Gypsies
or the girl
that under the hoo hiss go
of the proper people in their Sunday clothes
ties a rope to a box
and in royal rebellion
runs screaming kicking
jerking
around the square
despising
the slavish following
of her cardboard dog

Beschaafd hout
Hout -
     ontschorst
     ontspind
     overlangs gezaagd of afgestoken
     gesneden geschild
     beschaafd geschuurd
fineer hout dus
tenzij je niet recht groeide
dan ben je gewoon een stok

De reizigster kent het stationsbuffet
weet dat de warme chocola
en het broodje americain
in het vergulde Antwerpen het beste is
Pot au feu
moet je op rood leer
in Straatsburg eten

Ze houdt van open lege wegen
en de power van een sterke motor onder haar
dan leeft zij hier & nu
beslissend
hoe wat waar wanneer hoe lang
hoe snel

Ze gebruikt haar zwerversrecht
verwacht dat vrienden op haar wachten
maar vertraging staking file
is wat ze haat
omdat ze dan die vrienden
nog langer wachten laat

De tijd verbroken
ben ik ongezien
zie ook mezelf niet meer
noch het leven
dag na dag
opgericht
rots in
een zoekende zee

Een passant neemt
een foto
en zie
warempel een mens
op de rand van water
een vrouw verblind nog
voor later

Die Zeit zerbrochen
bin ich ungesehen
sehe ich mich selbst nicht mehr
auch das Leben nicht
Tag auf Tag
aufgerichteter
Fels in
einer suchende See

Ein Vorübergeher nimmt
ein Foto
und sehe
wahrhaftig einen Menschen
auf dem Rand von Wasser
eine Frau betört noch
für später

Haar schoenen zag ik
vrij nieuw
 de linker voet meisjesachtig in het muiltje
  slechts een begin van zwelling aan de rand
 de andere voet met te donkere kous
toonde in het lang en breed
de eerste sleet

De lange weg haalt haar op kousenvoeten in.

Het gras buigt
in de richting
van voorbijgaan
en wuift voorwaarts
vort
de toekomst tegemoet

Ander gras
schudt de aren
om zoveel haast
en het vergeten van liggen
in het gras

Sikeleli Africa

At the first notes
just two white people jumped up
one with his left fist in the air
she with her hand on
her heart
All peoples standing
the light skinned
rose
a few notes later –
The huge hall filled with
respect

I like to think
the white people were
slow
not recognizing the music in their
soul
or just older and stiffer and
slower

I like to think
Nkosi Sikeleli Africa
is the hope that touches us
all -

Medestrijder van
medegevangene van
minister in de eerste regering van

Hij leidt ons rond
van schamelheid naar
gruwelzaal
van smerigheid naar spic & span

De steengroeve breekt je hart

Wrede waterstromen
de kust onbereikbaar
ligt het eiland als
memento mori
aan de macht
de praal en pracht van Kaapstad
waar de Tafelberg nog steeds niet
voor iedereen staat gedekt

Wij krijgen een lunchpakket
en eten een appel op Robbeneiland.

Verboden fruit jarenlang

Lopen naar 't station
Te vroeg want
eerste keer
die weg
Dan wachten
koud
en bijna kerst
op wat niet
maar niet
maar dan toch
te laat te lang
te traag
en dan 's avonds weer
eerst de één dan niet
dan maar weer een
ander –
Eindelijk warm
zelfs koffie
want koud
en bijna kerst

Vier jonge mannen
werpen een schaduw
op het huis op de hoek
reikend tot het vierde
       klein hoofd
       korte armen
       groot lijf
de belofte van magie in de stad

Vier jonge schaduwen
  als woorden op wacht
      liefde
        dood
          klaarlichte nacht

Verzadigd water
verzadigd zand
hoge & lage lucht
in elk land

De kesp van het gemoed
weerstaat aan eb & vloed
met Fender- & bolderkracht
wordt leed & kreet
verzacht

Ontsluiting van het hart
in zout & in zee
Colombus
Marco Polo
Vasco da Gama
welk verhaal
bracht je mee
welke ziedende zucht
van harten verbrand
welk woord
in de taal van water
& zand

Brach Wasser
stinkend Sand
hohe und niedrig Luft
in jedem Land

Stützbalken des Gemüts
widerstehend der Ebbe der Flut
mit Wasser drückend ziehend Kraft
wird Leid und Schrei
besänftigt

Aufschließen des Herzens
im Salz und See
Kolumbus
Marco Polo
Vasco da Gama
welch Geschichte
brachtest du mit
welch siedendes Seufzen
aus Herzen verbrannt
welch Wort
in Sprache des Wassers
aus Sand

Saturated water
saturated sand
high & low skies
in each land

The cusp of feeling good
resists ebb and flood
mooring bollards & fender force
alleviate
what's sad & sorrow

Unlocking of the heart
in salt & in sea
Columbus
Marco Polo
Vasco da Gama
what story
did you bring
what seething sigh
of hearts on fire
what word
in the language of water
& sand

Ach Arlette,

Ik wilde komen
maar voor ik zo vertrekken
moet naar nieuwe straten
ander licht en vreemde bedden
koester ik mij in stilte
het alleen zijn thuis
en vergeet dan
dat om elf uur
zondag de wereld
nog bestaat

Ik wilde komen
maar nu bij koffie
wachtend op de pendelbus
is het te laat.

Hoe kwam ik in de wereld
in welke taal
        de eerste schreeuw
Was het moeders bloed dat
fluisterde
of taalloos vaders vreugde –
even

Welk accent het eerste kinderlied
en welk het laatste

Taal opgezogen
werd verraderlijk
        in onbestendige geografie
en leven -

Marseille

There is no better way to travel in Europe than by train. To go to Brussels from Hoboken I take a lot of reserve but actually one could be in time for a train connection with just one hour. From there leaving at 9:25 one arrives at Marseille at 15:05 having crossed France from north to south. Watching the fields glide by I realize once again France is the main producer of agricultural goods in Europe. The more one nears the south, the prettier and sinuous the landscape becomes. You pass Paris and Avignon and Lyon three cities worth stopping. Yet I am on my way 'en direct' to Marseille. It is a city at the sea, a wonderful city with sailboats from one to three masts, catamarans and yachts. There are over 3700 berths for pleasure boating and countless small fisher boats called 'pointu' for making a livelihood. Every morning a small fish market on the quay offers the local fishermen's catch of the night before. I recognized mackerel, dorade (red snapper), squid and calamari… The anchovy is so rare this year that the fishermen decided not to fish for it for fear of extinction of that sought after produce of the sea. The city around the water is hilly and on each mayor hill a church has been build. The city is under the protection of the Good Mother of the Sea, *La Bonne Mere* whose golden statue is illuminated at night and can be seen miles away. Of course this is a version of the Virgin Mary. There are a few super wealthy, filthy rich quarters but much more interesting are the popular parts of town were the workers and worksters live.

The apartments with a view are extremely sought after and are passed on to friend or family if one goes away from one of these magical spots.

Today the public transport strike is in its sixteenth day. So everybody has to walk everywhere and out of fear of the traffic jams most people do leave their cars home. This lends the city a peaceable, slow pace in this late October light and warmth. The small streets past the *Rue de Rome* take one by surprise, to a different plane, a different continent. This is North Africa, no need to take the huge high boat in the dock behind the fort/church St Jean to Algeria to seek the 'souk' and to smell the perfumes of faraway spices. It is all here. I bought Rash el Haroun spices, the whole spices needed to make couscous, you see the cinnamon, cumin, caraway, cardamom, coriander, pepper fiery hot and mint and some others I couldn't name, all still to be ground with a pestle in a mortar... People are open and friendly, willing to talk, to help you out when you loose your way or want to know something. It is Ramadan, the month of fasting. So, being white and not Islamic, I have eaten breakfast and lunch. The people around here however, during Ramadan can't eat, smoke nor make love between sunrise and sunset. They can't even drink, nor swallow their saliva, which is why sometimes you see them spit. It is hard; especially the heavy work without food, but it is also a peaceful kind of festive period.

Marseille as a city claims 11 miles of shores. In the old city center the sea is really present, calling to walk along the water. The sea and the people standing there watching her or in big strides breathing her in are totally oblivious to my existence: the man whose blue business suit is flapping in the wind stares hard - do I see longing for the other side, for Africa? A young black man practices the harmonica, the same short phrase over and over again until he has found the right warmth and tone. People are fishing for everything that is edible and is willing to bite. One doesn't need a license to fish here in town. Old women take the last of the autumn sun, others read. Two people in a skiff row against the wind. Where tide and wind clash the water is troubled.

The food in this Levantine city is sensuous: fresh fish, Tajines, lam stews piping hot in pretty earthenware rich and tasty or vegetables smothered in warm scents. Salads taste full and have the right consistency like real life food: crunchy leaves, firm but ripe tomatoes and of course the mid eastern deserts: angle hair dripping with honey, filled with almond paste, anis and pistachio, cinnamon... Of course you can opt for a trip through history, visit museums like *La Vieille Charité*, newly restored, walk the *Canebière* so called because the hemp ropes for the moorings of the huge ships were made there on that road.

You can visit Castles and churches and when the strike is over take a bus to the wonderful free public beaches or take a ferry to some of the nearby isles. La *Calanque* is the steep rocky limestone coast line with what in Norway is called fjords but here is known as *vallons*: small inlets which will harbor a few fisher boats and on the shores cabanes (shack in the sense of our miner shacks) have been build without rhyme or reason or regulation. It is a beautiful chaos that spoke to my heart with the smell of the sea and the whiteness of the rocks and the sound of water to frame all this. Is it paradise? Almost. If there is a strike, there is reason for people to be upset: the looming privatization of the public transport system with the threat of people loosing their hard needed job. Also the problem of the incinerator that is planned and which will beyond doubt cause a rise of over 8% of extra cases of cancer trough the rest pollution of the smoke.

Americans have a tie to Marseille. The old, gorgeous apartment buildings of the eighteenth century, the so called Haussman buildings after the architect who had them built, have been bought up by an American pension fund and are in the process of being restored. In itself it is a good thing but it also changes the population of the area. The center of Marseille was a popular quarter and these usually lower income earners are being moved out and can't afford the rent of the old restored houses. This fact might loosen the social tissue of the city where neighbors and can't afford the rent of the restored houses. This fact might loosen the social tissue of the city where neighbors know each other and help each other, whatever race or creed they might be. The other link is Indian: Charging Elk, part of the Buffalo Bill show got terribly sick in Marseille. The show brought him to the hospital and left him here. He did get better and stayed in Marseille. You can read all about this life story in the recent 'The Heartsong of Charging Elk' by James Welch and you will see last centuries Marseille through the eyes of one totally isolated and astonished.

Did I do all the tourist things? No, I was there for work and was lucky enough to be invited by a friend and colleague in her cozy apartment with the most splendid view of seagulls dancing on the wind over the sailboats in the harbor and in front of and under the illuminated statue of the 'Good Mother'. What I saw happened on the way from and to work and my friend's knowledge of the city plus the pleasant ride through the mountains on the seaside road *La Corniche* offered by her cousin.

In Arabic: Chukran: thank you for small graces…

Columns

Why do I write the short columns you read? For money? For glory? Because of ego? I don't think so. Maybe it is practice. I am not quite sure what the practice is for. Maybe it's just a practice in observing, feeling and naming without judgment. Learning to discern whether a chill in a place comes from ghost stories told, or because one is unwelcome or makes the others feel uncomfortable. To be able to tell the difference is part of the survival kit of all nomads or half breeds. So I write to register, to chronicle what others take for granted or can't believe. I look at the changing landscape of the great continent of the Americas and see a human hand forced upon the wilderness, which is disappearing at a fast pace. I listen to the tragedies hinted at in a friend or stranger's life and know we are all related. Also I know that all of us in our different forms and guises deserve respect. Arrogant Bastards, drunks, the pretty, the down and out and even the unfriendly waiter. In Italy some waiters have honed this skill to a point of perfect rudeness that makes me smile. It has become an institution stating that they may be serving guests but are not subservient. The trick is not to be arrogant or snobbish or become annoyed towards them. Just ask: "What do you suggest today?"… You'll always be perfectly served since you recognized their skill and knowledge. So I look out, think and write, imagine the wind in the landscape seen from behind the glass of daily life. I imagine the fear, love and hope of others in the split second of eternity that is life. Already Chloride is becoming an absence. The gas station a thought in my mind. Traveling a lot, being between two places there seems only to be the silent reality of memory and speechless anticipation. Unless suddenly reality hits you. Like when I went to work on a Monday in Strasburg and a demonstration had been announced. So I take the bus, only going one stop because the streets in town are all blocked. Getting off the bus there is a lot of black smoke, police in and out of uniform, cobblestones lying around, and glass on the ground. A police car is burning, next to the opera. People stop; take pictures with their mobile phones. I notice the smell, the acrid smell of tires burning. The sounds. That is the difference with seeing stuff on the news. Between 6500 and 10.000 dockers have come to Strasburg to **support** the European Parliament in a vote. But some 200 elements that were looking for trouble turn the city bitter. I go to work walking past 10 maybe 20 police cars with the riot control people in them. Waiting. By the time I arrive at the building at the old entrance, the demonstration nears the other side, the new entrance to the building. I hear the stones thud against the windowpanes, see more smoke raise up from smoke bombs and such. The result was: 400 square meters of glass broken. Cost to repair the building: close to half a million dollars. And still the security code was white.

Was I afraid when I walked back to the hotel when I was through working? No. In all honesty, I wasn't. I was alert. That is all. A few dockers got arrested. All were from Antwerp (where I live) and Zeebrugge. They were all in the last bus to arrive. They had stopped in Luxemburg, bought cheap booze and arrived drunk. One guy got out of the bus, saw an empty shell lying on the ground, picked it up and threw it away. Six CRS (French state policemen) jumped on him. He woke up at the police station, remembering nothing. Within a day he was tried and locked up. All those guys, none of them ever made it to the entrance of the European Parliament - got immediate prison sentences between four and one months… Scapegoats, they needed some arrests. I learned from this that the reality of the senses of being somewhere is far more complete than watching stuff on TV. I spoke to some French dockers that evening. Just regular guys defending their jobs and safety in the harbors, polite, well behaved, articulate and was reminded that humans come in many shades and forms, all having their personal story and reality. Just people, like all of us. May your reality be pleasant. Till next time.

Tallinn

Wakken in het ijs, wittig licht, zonsondergang over de zee en de nacht die begint rond 4 uur in het noordoosten van de Baltische zee. 1,4 miljoen inwoners, waarvan een derde de etnisch Russische minderheid en 45.000 km^2, dat is Estland dat pas in 1991 zijn onafhankelijkheid van Rusland herwon. Tallinn is boeiend, klassiek modern, zoals overal bekend van de Sas Radisson gebouwen, maar ook sociale woonwijken van uit de Russische periode en de recente eigen Estse benadering daarvan. De oude Hanzestad is wonderlijk gaaf, een genoegen om door te struinen en je zintuigen te laten genieten. Stel je voor: de geur van geroosterde amandelen, in vier verschillende suikers en veertien kruiden, of de look met kruiden die je zacht tegemoet waait in de straatjes en stegen. Die zijn hier wonderlijk wijd, zo tussen de pakhuizen met de takel vaak nog hangend aan de nok van het dak, als herinnering aan wat hier vroeger rijkdom bracht en werk. Een van de partijen bedacht als verkiezingsslogan: Estland binnen 15 jaar bij de 5 rijkste landen van Europa! Bovendien droomt men ervan één stad te worden met Helsinki dat op 80 km ligt, op een stormloze dag een goed uurtje varen. De grote visie is het aanleggen van een tunnel onder de zee, het visioen omarmt op termijn ook Sint Petersburg... Landkaarten veranderen het centrum van de wereld afhankelijk van waar men er naar kijkt. Hier kijk ik ernaar van uit de middeleeuwse versterkte stad.

Opvallend veel koffiehuizen, de betere, luxueuzere blijkbaar bevolkt door dames van een zekere leeftijd, weerspiegeld in de rozige spiegels aan het plafond en lounges. Je weet wel, fauteuils, sofa's, in ons geval met soft Braziliaanse muziek, allerhande cocktails en hier ook gekruide warme wijn 'Glog', nodig om je vingers op te warmen. De wind kan scherp zijn, half november zweeft de temperatuur rond het vriespunt en moet je daarop dus echt wel voorbereid zijn.

Art Deco en de eigen versie van 'Jugendstil' verrassen je ogen. De apotheek werd reeds gerestaureerd, aan andere gebouwen wordt hard gewerkt. Het mooiste wat we toevallig vonden, we hadden honger en iets te vieren, en we hadden het koud en het gebouw als een deftige, wulpse oude dame lokte ons, lonkte naar ons. Gloria uit 1937 is een ongeschonden theatraal gebouw en zoals bleek hét gourmet restaurant van Tallinn. Alles is nog origineel, in de vitrines staan bescheiden opgesteld collecties van Art Deco hotelporselein dat men als andere restaurants uit die periode sloten, opkocht. Gloria werd nooit gesloten. Zie boxen of een soort loges, fauteuils en zetels aan de tafels, draperieën die men eventueel voor meer discretie kan neerlaten, waar wij zaten rood fluweel... genoeg stimulans voor een spionage roman op stand met mooie verleidingsscènes. Er is ook een podium, een piano en een dansvloer, decadent en degelijk tegelijk. Het eten?

Een Baltische symfonie, the catch of the day, zeebaars en het palet van desserts. De President eet er, en de regering, er wordt onderhandeld, er worden afspraken gemaakt. De macht houdt van klasse. En de onderklasse? Geen daklozen gezien (te koud? te goed georganiseerd?), geen bedelaars, wel hotspots, in cafés, koffiehuizen, op openbare plaatsen en ook zoals overal in het noorden van Europa, vrije Wifi toegang! Ja, zo hoort het. Het land volgt in de voetsporen van Finland en digitaliseert op een manier die toch vragen doet reizen over de bescherming van je privacy. Je kan mobiel betalen voor het parkeren met je GSM, het ministerie van bevolking weet dus precies wanneer je waar en hoelang geparkeerd hebt, je kan betalen op het openbaar vervoer met de chip van je identiteitskaart, elektronisch stemmen en de schoolrapporten en resultaten van tests en huiswerk staan op het web. Als je kind thuis komt, weet je al of het goed gewerkt heeft die dag op school. Wat een gruwel! Geef mij dan maar de Franse mentaliteit waar men protesteerde toen men probeerde de payage op de snelwegen zo te regelen... te veel illegitieme liefde wilde daar graag onontdekt blijven. De vraag werd gesteld of de mensen niet protesteren tegen al dat inzicht in hun leven. Het verbijsterend antwoord luidde: wij zijn nog maar sinds kort vanonder het juk van het communisme, nee, men protesteert niet, men heeft vertrouwen. Misschien hebben jullie al zolang democratie dat jullie wantrouwig zijn geworden. Hmm, dat geeft te denken.

Kigali

Weer Afrika, nu niet meer mijn jonger zelf. Schoonheid en kracht slijten stilaan. Ongemakkelijke nachtvluchten leiden tot pijn. Overstappen in Nairobi: duwen en dringen, het rumoer, de kleur en geur van een drukke marktdag op de luchthaven. Gebedsplaatsen voor wie verlossing of inkeer nodig heeft, anderen slapen op de grond in de gang. Vrouwen zitten er met fleurige dekens – trots en mooi in hun aanvaarde vermoeidheid, privé in de openbare ruimte. Opschriften in talen en alfabetten die ik niet ken. Zo word ik ontheemd, onthecht. Zo ontstaat de andere blik, de reflectie van wijsheid in de ogen van een ander. Kigali, een stad van één miljoen inwoners waarvan er net als president Paul Kagame vijfhonderdduizend uit ballingschap terugkeerden. Op dertien jaar tijd staan het Frans en het Engels als voertaal plots op gelijke voet.

De 'Mille Collines', groen gevlekt zijn ze, uitbundig groen van maïs en maniok, maar zonder reusachtige bomen van tropisch hardhout. Het paradijselijke land is volgebouwd en de daken van die bouwsels gedekt door, verstopt achter, onder bananenbomen. Dat is Kigali de hoofdstad die geen stad is en waarvan ik het centrum maar niet kan vinden. Treurige wolken en tropische regenbuien over de duizend heuvels van Rwanda in *la petite saison de pluie,* waarin alles in een kleine melancholie lijkt gedrenkt. De grote regens beginnen in april, net als de diepe weemoed van dit land op 7 april in 1994 toen de genocide begon. Een jonge man op krukken heeft maar één been. Verloor hij het in de hondsdolle honderd dagen van meer dan één miljoen doden? Een oude man loopt over een veldje met een oude, veel gebruikte machete, waarvoor gebruikt, door welke hand, werktuig of wapen, of door iemand bebloed achtergelaten en toch maar gebruikt? Overal in ieders hand, jongens, mannen, vrouwen. Huiver en ontzetting sluipen door dit land van 'Radio Mille Collines' en 'Hotel Rwanda'. Ik ben *la belle vieille* en heb het geluk te leven ondanks het feit dat ik de zevenenveertig allang voorbij ben. Vijf jaar geleden werden vrouwen hier nauwelijks achtendertig jaar. Vogels veelkleurig en kinderen met kleren gebruind door aarde en groen, zoveel groen ondanks het feit dat elke bult, elke hoop op elke heuvel samenvloeiend tot golvende heuvels, toch helemaal is volgebouwd. De veldjes putten zich uit van verdigris tot eucalyptus en bananengroen in de vruchtbare rode aarde. Een oude vrouw voor haar huis kijkt ons aan met een machete naar ons gericht. Waar staat ze voor? Is haar aarde rood van bloed en geeft zij onze westerse huid de schuld aan vooroordeel en gebrek aan inzicht, aan niet ingrijpen? Leerden wij hen machtshonger, arrogantie en hebzucht die tot geweersalvo's leidden en het druipend bloed? Het is een mooi land: giraffen en zebra's, weefvogels, gapende nijlpaarden...

Ik heb het allemaal gezien – maar het hart van deze stad blijft onvindbaar. Er heerst officieel optimisme, maar de taxichauffeurs zijn ingekeerd en zwijgzaam. Zou ik kunnen logeren in 'Hotel Mille Collines' waar het ene leven werd gered en het andere niet, zomaar. Ik denk aan de kinderen die tussen januari en maart werden geboren in 1995, in wanhoop, uit liefde of verkrachting verwekt, opnieuw en opnieuw. Wat een levenslast. Ja, ja het land is paradijselijk mooi, liefelijk, terughoudend, vriendelijk. Je kan er aan toerisme doen als je wil. Maar vermijdt dan 'les saisons de pluie'. Hun gebroken wolken breken je hart. De lagen van mogelijke betekenis laten je niet los in deze achteloze toevalligheid van leven, waarin niemand zoveel heeft dat hij niets nodig heeft en niemand zo arm dat hij niets te geven heeft en waar vooral niemand onkwetsbaar is.

Thoughts from Vicenza

Chloride, an imagery space I need to tell, inventing the rhythms of its reality, the heartbeat of its people, reinventing the importance of our lives. All are a window, the widow looks through, outward & inward, to find unchanging ephemerity, changing as permanence. Learning the lessons of the land, the cat claw hooks in my blouse, prickly pear is sweat jam on bread, water drops diamonds in a saffron land. Houses are dust waiting to be dust, snakes a trail of writing erased by the wind. Wind breathing stories in a murmur or a scream and I the pen.

The pen writing Italy stumbles over over-stimulation. All is human. You expect it from a city, a road, and a garden where nature has been tamed into a view that is just rightly framed. Of course there is industry along the highway, the sweatshops and the 'night work' in the streets – girls from Eastern Europe, The Philippines, Ghana. There is delocalization, work send to Romania and China and immigration to do the dirty work in the leather industry and busses of Japanese all taking the same picture on always the same steps in Rome, in Vicenza. Do I sound judgmental and discontent? I am not. I see these views from the backseat of a BMW convertible, feeling like Isadora Duncan with her long scarf trailing in the wind. Yet, seeing a magnificent fortified castle on top of a mountain, I think of Castle Rock, although, here all is green. The corn stands tall and fat in the plains.

The meadows filled with herbs and flowers feed the cows during six month in the 'malga'. The cheese made from their milk smells and tastes like this high alpine growth. Century old villas dot the landscape, some resplendent with old frescos and private fossil collection of rare palms in huge slabs of sediment rock. A simple meal of melon with fresh prosciuto crudo – the local fine ham – and a glass of young sparkling wine with fresh bread is all I need. A walk around Lake Garda, a boat ride, a climb, another church, real coffee, un café macchiato and the need to write, to think about daily terrorism, civil rights and personal dignity. To think about New York, London, Bagdad, Madrid, Istanbul… most of the places part of my life. Italian TV reminds the viewers that in all instances Italians did not come home, were wounded, maimed or never heard of again. Traveling becomes cumbersome. People look around and wonder which backpack will change or end their life…

So I long for Chloride, for you all, for the embrace of the desert and the quietness of summer life. When you see my door open, come by and help me chase the melancholy for a world trying the find the center of its humanity.

De witte nachten van St Petersburg

White nights, nuits blanches, hoe beschrijf je dat etherisch licht van begin Juni 's nachts zo rond een uur of één wanneer het water nog blauwig de lucht weerkaatst? De foto's rond 11 uur 's avonds wit gewist door teveel aan diffuse helderheid. Slechts één ster Venus, straalt en schittert, de anderen te bleek, te koud. Rusteloos door dit lage late licht struint men door de stad. Uitblik en doorblik en later veel later volgt inzicht op uitzicht.

De adellijke overdaad aan schoonheid wordt liefdevol, deskundig hersteld tot de oude grootse glorie van de keizerlijke bouwzucht. Brede boulevards, grandioze paleizen, vol hoge kamers want geld genoeg voor warmte binnen tijdens lange koude winters. Alles op de grote mensen maat van Peter De Grote. Het water van de stad, de Neva, breed als een zeearm en de kanalen, ademt een natuurlijke grandeur getemperd door koestering. De ruimte van het water omlijnt pastel, koepels en torens goud weerspiegelend na middernacht. Lange schaduwen en lage bruggen reiken naar de overkant, verbinden wat was en worden zal.

Het lange licht wekt een lichte euforie op, een schijnbare onvermoeibaarheid van deelgenootschap aan de bron. Wie slaapt? Wat doen de vogels bij 't ontbreken van de nacht? Dit licht graaft in mij een spoor van helderheid.

Als de huizen langs het water weerkaats ik nu het late licht. 't Is na tweeën. De nacht vult me nu met melancholie om zoveel louter licht en vage schaduw. Zoveel werd onthuld in duisternis en zoveel verborgen achter verblindend licht.

Dit licht maakt het nog niet beschreven blad te wit, de hoeken van de taal te strak voor de keizerlijke praal. Imperiaal dwingt het: bewonder mij geheel en al, en onverhuld. Moet ik wachten op de lange duisternis en de ontroering, betovering, beroering van 't geheim dat zich nu verschuilt in de rafels van de werkelijkheid.

Annex
Poezie / Poetry / Dichtkunst

p. 6: **Maart**: Lomé, Togo, 1986. *Jardin Public*, Point (Poetry International 1991), Ninove

p. 7: **Er is nieuw licht:** Hotel Union lange tijd mijn hotel in Straatsburg. *Jardin Public*

p. 8: **De oude schoonheid:** Dienstreis naar Rhodos. *Jardin Public*

p. 9: **Een vrouw ontwijd:** Antwoord op Yeats, *Leda en de zwaan*, geschreven in het Montecitorio, Rome, na het tolken van **Gianni Di Michelis**. **Paul de Rijck** had net overgenomen. *Eigen Wegen*, Wel, Leuven 1991

p. 10: **Versteven:** in twee publicaties van **Patsy Sörensen** (ook in het Engels) – E19

p. 12: **De vrouw:** Sevilla. *De kleren van de Keizer*, Groote beer editie #35 en *Sporen/Spuren/Traces*, Duits: **Fred Schywek**, world internet books, Duisburg/Rhein-Antwerpen-Hamburg BOD 2010

p. 14: **Nu het wit getemperd is:** Dienstreis Sevilla

p. 15: **De avondstad**: Dienstreis Kopenhagen

p. 16: **Venice and days little durable:** Dienstreis Venetië net na carnaval, reeks van drie, Gierik/NVT 56

p. 18: **Madame promène son cul sur les ramparts de Varsovie...** Dienstreis Warschau, 1998, Gierik/NNVT

p. 19: **'t is late lente**: San Isidoro, dienstreis naar Madrid. *Van alle stijlen thuis*, Facet 1998

p. 20: **Bezweet en moe**: Sabena bus, Gierik/NVT 47 en Symforosa, 6/2003

p. 21: **Men fishing from the bridge**: Mission to Istanbul, voor Inge

p. 22: **Plaza of discontent**: Mission Granada

p. 24: **In het spiegelraam bespied ik hem**: Sabena bus, *Sporen/Spuren/Traces;* Duits: **Fred Schywek** world internet books, **Duisburg/Rhein - Antwerpen - Hamburg** BOD 2010

p. 27: **All is changed**: Mission Paris, 1998

p. 28: **Daar is hij**; Straatsburg, *Sporen/Spuren/Traces;* Duits: **Fred Schywek** world internet books, **Duisburg/Rhein - Antwerpen - Hamburg** BOD 2010

p. 31: **Golden shoes**: Mission Valencia

p. 32: **There is a job to do**: Antwerpen-Brussel

p. 33: **And once again**: Sevila-Antwerpen

p. 34: **Beschaafd hout**:
Luxemburg, Douane Comité, 22 Februari

p. 35: **De reizigster kent het stationsbuffet**:
Hoboken/Brussel/Brugge 10/2001

p. 36: **De tijd verbroken**: Nigeria, Abudja 2000, bij een foto die **Inge** van me nam, *Sporen/Spuren/Traces;* Duits: **Fred Schywek** world internet books, **Duisburg/Rhein - Antwerpen - Hamburg** BOD 2010

p. 38: **Haar schoenen zag ik**: Ljubliana: **Miet Smets** haar oude schoenen

p. 39: **Het gras buigt**: E 19, op weg naar het werk

p. 40: **Sikeleli Africa**: ACP Opening Cermony, Cape Town

p. 41: **Medestrijder van**: Robbeneiland en de verzekering dat de boycot geholpen had

p. 42: **Lopen naar 't station**: dienstreis Shiphol, Den Haag, 12/2007

p. 43: **Vier jonge mannen**: Straatsburg

p. 44: **Verzadigd water**: Vlissingen, Gent, Antwerpen, Luik, Vervoerscommissie 4/2008, Gierik/NWT Jubileumnummer 100 en *Havenklanken / Hafenklänge / Sounds of Harbour* (Sons du Port) Duits: **Fred Schywek** world internet books, **Duisburg/Rhein - Antwerpen - Hamburg** BOD 2010

p. 47: **Ach Arlette,** Crown Plaza, bij vertrek naar Praag

p. 48: **Hoe kwam ik in de wereld**: Na gesprek met **Alister** over bi-culturaliteit; *Sporen/Spuren/Traces;* Duits: **Fred Schywek** world internet books, **Duisburg/Rhein - Antwerpen - Hamburg** BOD 2010

Proza/Prose

Dit is slechts een greep uit dingen die ik scheef voor *The Standard* en *The Chronicle* in Arizona. Veel ervan werd in **Schoonschip** (Assen) opgenomen in het Nederlands.

p. 50: **Marseille:** dienstreis met de Groenen; dank je **Inge**.

p. 55: **Columns**: Januari 2006

p. 58: **Tallinn**: 12 november, 2006. Voor **Petra** en **Carin**

p. 61: **Kigali**: 2007, Kigali-Antwerpen, Straatsburg, voor **Walter**

p. 64: **Thoughts from Vicenza**: After the bombing of the London subway. Summer University Italy

p. 66: **De witte nachten van St Petersburg**: juni 2007, voor **Janny**

Annmarie Sauer
de-func-ed/**de-fonc-ed**
Mei 2010

Annmarie Sauer

Die Dichterin **Annmarie Sauer,** gebürtige Amerikanerin
(***1947** in **Dayton, Ohio**) und groß geworden in der belgischen
Hafenstadt **Antwerpen** (die Ferien der Kindheit und der
Nachkriegszeit verbrachte sie am Rhein bei ihrer deutschen
Großtante in **Krefeld-Fischeln**) breitet in ihrem Werk ein
Panorama von Reise- und Alltagsbildern, intensiven, direkten,
zumeist persönlich gefärbten lyrischen Miniaturen und durch ihre
Tätigkeit als Botschafterin von Indianerkultur geprägte
Wahrnehmungen von Größe und Übermenschlichkeiten
(beispielsweise bei ihren jährlichen Besuchen der Wüste in
Arizona) vor der Leserin und dem Leser aus und läßt bei ihr und
ihm bisherige Rezeptionsmuster von Lyrik explodieren und sich
neu zusammensetzen. Ihre bisherigen Gedichtbände: **Voor**
Vrienden (Für Freunde) und **Jardin Public** (Garten öffentlich)
herausgekommen in Mailand und Belgien. Deutsche
Übersetzungen: **Spuren** ist die erste Übersetzung ins Deutsch
durch **Fred Schywek** (world internet books, Duisburg/Rhein
2009/2010 im Rahmen der **Kulturhauptstadt Europas**
Ruhrgebiet 2010). Neben ihrer bürgerlichen Existenz als
Dolmetscherin beim **Europäischen Parlament** (Juli 1985
bis April 2010) hat Annmarie Sauer einige Bände mit
Indianerlyrik (**Woestijnwoorden** - Wüstenworte, Kramat
Westerlo 2008; **Met Rode Inkt** – Mit roter Tinte; Gedichte von
Hopi, Cherokee, Crow, Navajo u.a.) übersetzt, herausgegeben von
De Oostakkerse Cahiers - 2006.
    Die Theaterwelt konnte durch zehn Stückeübersetzungen (z.B.
für **De Mannen van den Dam**; **Het Jeugdtheater**) profitieren.
Der vorliegende Band **werkwoorden** (dreisprachig) in Lyrik
und Prosa ist ein literarisches Reisepanorama aus ihrer Zeit als
Dolmetscherin bei der EU.

*

world internet books

die Produktion der Autor/inn/en

Duisburg/Rhein - Antwerpen - Hamburg

***wib*.europa.edition**